Each month, *Lancashire Life* features a number of poems in Lancashire dialect. This selection has been made from verse which has appeared in the magazine over the past two years.

Cover illustration by Harry Barker.

D0733561

£1.50

Also in this series:

Just Sithabod

Cheyp at t' Price

Dialect verse
from
'Lancashire Life'

Illustrated by Harry Barker

THE WHITETHORN PRESS

First published 1978

© The Whitethorn Press Ltd.,
Thomson House, Withy Grove, Manchester.

ISBN 0 9506055 2 2

Litho Preparation by Lapex Printing Ltd., Heswall, Wirral
Printed by Carrprint (Manchester) Ltd., Barnoldswick

To
readers saying '''Cheyp at Price'?
Why, it's dearer than
t'last . . . !''

Contents

ANNE BARLOW
None ta spare   **44**

WILLIE BATES
Little big 'eyd   **25**
Inter each life   **28**
Love's not so blind   **40**
Ah dooan't want much   **58**

LOUISA BEARMAN
Fowl play   **19**
Made to measure   **56**
Clugger's shop   **59**

ELIZABETH BEESLEY
Nellie gowd flags   **20**
T' cure for pain an' sufferin'   **42**

JACK BENSON
Fishermen?   **12**

BOB O' JOE'S
The proposal   **15**
Cross words   **53**

JACK CARTWRIGHT
It's wot yer reet arm's fo'   **22**
Nouveau riche   **62**
Quo vadis, Joe?   **67**

NELLIE CRUTCHLOW
The weddin'   **46**

MAY FIGGINS
T' doctor's orders   **35**

AMY FLYNN
Wishful thinkin'   **17**
Th' penny drops   **52**

ERNEST FORD
Seawnd o'brass   34
Sortin' 'em out   37
Vicar Myer   45
Footin' t' bill   49
First thirst   63

OLGA GILLEARD
Mary Jane   65

DOROTHY HARDY
John Willie   57

EDITH HARGREAVES
Reytch mi, fetch mi, carry mi, bring mi   13

CELIA HARVEY
Deeath-blaw!   64

CONNIE HAYES
Integrashun an' aw that   27

JOHN HEYES
T' clock   30
Th' 'aircut   36
Mi seet   50

KEN HILL
A little of what yer fancy   31

N. HINDLEY
Unconverted   11

P. A. HOOSON
The village show   55

JOSEPHINE IDDON
Minister fer tay   14
Sayin' mi piece   48

JIMMY JONES
Waitin' fer t' papper   43

MARY MARCROFT
Goin' t' grammar   68

ALAN MARSH
It depends whur tha luks   61
Leavin' wom   66

MICK O' PLEASINGTON
Thrials o' life   16
Aw'll ged a beltin'   18
T' jomble sale   24
Swillin' t' flags   26
Rooam fo' another   54

STAN MOSELEY
Cheyp at t' price   32

EVA PETERS
T' crystal set   41

NELLIE PICKLES
Coppin' on   51

JOAN POMFRET
To a male voice choir   33

EDITH M. RALPHS
The bingo bug   38

PETER THORNLEY
Summat fishy   29
Nearer my God t' Thee   39
Owd 'Arry's   47

TOM O' DICK'S
An ugly mon   60

BILL WORTHY
Fit ter bust   21

Think on...

It's a sobering thought, but as I write this there is one thing of which I can be absolutely certain: somebody, somewhere, is sending me a poem.

I know this, because by some law immutable as the rising and setting of the sun, every postal delivery brings a verse or two . . . or three or four . . . Which is enough to put anyone off poetry for life, especially when most of it is in a dialect which no two practitioners seem to spell the same.

True, I've only myself to blame. Had I firmly barred the doors of *Lancashire Life* against verse, had I displayed warning notices "All poets shot on sight (dialect dabblers a speciality)", then I might have been spared much suffering.

Never mind. In presenting with pride the very best of the dialect verse which has graced *Lancashire Life's* pages in the last two years, I ask only one thing: that in wondering what I'm 'pottert' about you should remember that you haven't seen the hundreds that never appeared, the multitude that were rejected . . . yet had to be read. But enough. Perhaps you wrote them.

William Amos
Editor – Lancashire Life

Unconverted

As wick as thi cum, wor Tommy, tho' noan owd enoof f'r skoo,
Onnythin' 'is mates wor doin', young Tom 'd 'ave a goo.
An' then 'e geet t' swearin', 'is Mam wor worrit sick,
'Er knowed 'er 'ad t' stop 'im, but 'eaw t' do the trick?

'Er wor towd t' tek no 'eed on 'im, t'wor wrung t' mek a fuss,
But nobody towd young Tommy that little lads don't cuss.
Then 'er stopped 'is towfee 'n ice-cream, gin 'im bed wi'eawt 'is tay,
But no matter wot 'er did t' 'im, young Tommy 'ad 'is say.

'Er 'ad t' fotch it whum t' 'im, so packed a little box
Wi' choclut, a 'ankercher, 'is toothbrush 'n cleon socks.
'Er towd 'im bein' a nowty lad, 'e couldn't stay no more,
Gin 'im 'is box, 'n wiped 'is nose, 'n showed 'im t' the door.

'Er watched 'im through t' gardin gate, 'e didn't goo s' far,
Sut deawn on t' flags, undid 'is box, 'n et t' choclut bar.
Soon 'e wor back 'n 'is Mam axed 'im "Wot con Ah do f'r you?",
"Yo'll 'ave t' let mi cum back Mam, Ah've noweer t' ****** goo!"

N. Hindley

Fishermen?

There's a pit across yon field fra us
   wheer th' childer's fished for years,
All sooarts fra five year owd to ninety-
   nine.
There's monny a buddin' fisherman
   has catched his fost un theer,
I still remember th' day as I geet
   mine.

We started off wi' little roach a
   tuthree inches long,
An' then moved on to bream – all
   lips an' slime.
We'd sit among yon withins when t'
   school holidays were on,
Fra early leet to welly supper time.

We geet to know th' owd watter hen
   as nested near th' far bank
An' showed us all her young uns,
   grand as owt.
We reg'lar watched a kingfisher flame
   blue in th' mornin' sun,
An' once we see a watter rail – we
   thowt.

A little shrew lived under th' bank.
   He were a fearsome mon.
He'd feight wi' owt at all – an' feight
   to kill.
He'd shoot out an' his trunky nooas
   'd point four ways at once.
Tha never sempt to see him stannin'
   still.

His bigger cousin, th' watter vole
   were different as con be.
He'd sit an' scrat his whiskers wi'
   his paws.
Tha'd think as, bein' related like,
   they'd booath, be o' th' same mind.
(Although some fowk's a bit like that
   tha knows.)

We'd walk to th' pit at dawn wi'
   bumpin' fishin' bags an' flasks
An' th' sound as dew-wet grass an'
   wellies mek,
An' th' tall grey jemmy fishin' out in
   th' mist 'd spread his wings
An' fly away wi' one last scornful
   "Krek".

There used to be a thorn bush as
   grew out fra th' watter's edge.
I've tempted monny a tench fra
   under yon.
An' further round, an ash tree reet
   at th' deepest end o' th' pit
Wheer my mate once geet a gret
   three pounder on.

I hev'n't fished for years, tha knows,
   there never seyms no time,
I allus seym to find that much to do.
But when I walked round theer last
   week, it welly med me cry,
How th' owd pit's altered in a year or
   two.

There's notices as meet thee. "Private
   Fishing" and "Keep Out".
Belongin' to an 'angling club' fra th'
   town
They've bowt it all (though how tha
   buys wild fish I'll never know)
An' then set to an' chopped all th'
   bushes down.

An' just beyond yon seventh green
   umbrella on th' far bank
Were th' ash tree as I mentioned just
   afooar.
They've riven th' little thorn bush out,
   it hed to go dost see,
To mek way for a tuthree 'anglers'
   mooar.

There's little fittin's set in th' bank to
   slot th' umbrellas in,
An' now as there's no bushes left in
   th' way,
They fish their week-end matches set
   all round th' pit in a ring,
And tip their keep-nets out at th' end
   o' th' day.

An' if tha speyks they tell thee "Well,
   we've paid for it. It's ours."
But somehow I don't think they ever
   do
Get th' pleasure as yon childer did –
   they call 'em poachers now.
(I wonder if they bowt yon little
   shrew.)

Jack Benson

Reytch mi, fetch mi, carry mi, bring mi

Wot meks thi think as thar knows owt o'
    gard'nin?
Thar's bayund ter shove stuff in all t' wrong
    rooard up.
Stop argy-bargin'. Fill that deggin-can wi'
    watter
An' gi' them peyz an' lettuces a sup.

Look ayut, thar nearly tumbled o'er mi
    barrer!
Dooan't walk on t' beds. Ah've planted 'em
    wi' seed.
Stop fratchin'. Fetch that bucket full o'
    'orse-muck,
Ah'll gi' this rhubarb some. Just wot it
    needs.

Yon greenhayus boiler needs a bit o'
    cleynin'
Thar'll find a rake i' t' shed ter scale it ayut.
Wot's that? O' cooars Ah dooan't think thar't
    a navvy –
Ah'm dooin' jobs as thar knows nowt abayut.

A flay-crow's wot Ah need ter keep them
    birds off –
Come 'ere an' give a 'and ter get it done.
Stop grayusin'. Run an' get some owd cloyz
    ayut o' t' wardrobe.
Wi'll get this thing donned up an' t' battle's
    won.

Ah'll ha' ter get mi spade an' earth them
    spuds up.
Ah've left it dayun i' t' shed, just 'ave a look.
Thee 'owd thi wist! Thar knows thar't wuss
    ner useless.
Thar ses wot ses ter? Well then tek thi 'ook.

Edith Hargreaves

Minister fer tay

We've t' best rug down in t' parlour, we've dusted ev'ry cheear,
Mam's arranged a bunch o' flars soas o' is nice i' theer.
Mi sister keeps on practisin' her piece oo's bahn to play.
O' t' fuss is just because . . . t' Minister's comin' fer tay.

We've table set wi' t' big white cloth an' t' gilt-edged china set.
We's be usin' t' silver taypot an' th' Apostle spoons Ah bet,
An' some fancy 'desert' spoons as we durned use every day,
It's Heaven in ar parlour when we've t' Minister fer tay.

Mam keeps gooin' a lookin' to see as o' is straight,
An' t' pantry's brimmin' o'er wi' lovely things to eight,
There's brahn bread an' a cusstert pie, a chicken an' boilt ham,
Oo's med lovely creeam horns wi' that wod-yo'-co'-id jam.
Nob'dy'll nooatice how mich Ah can pud away,
Ah can eight i' comfort when we've t' Minister fer tay.

Yo' wouldn't think a Minister 'ould say wod isn't true,
That's road id is wi' ars . . . an' Ah can prove it too . . .
Mi sister plays her violin, it meks me want to die,
He goes an' says "That's lovely!" It seems to me a lie.
Still, Ah like him o' t' same an' Ah wish he'd come to stay.
Ah'd never get 'what for' off Mam, wi' t' Minister fer tay.

Josephine Iddon

The proposal

"Jane Ellen, Jane Ellen, let's go fer a walk,
Wi'll go deawn bi t' Three Steps an' 'ev a
  good talk.
Ah've summat ta ax thi, an' it's quite plain ta
  me,
Id depends o'thi answer if Ah live er dee."

"John Willie, John Willie, nah derned act sa
  numb,
If tha's owt ta seh, well, Ah knows thar nod
  dumb.
Ged on wi thi axin', an' Ah'd like ta bet,
As if it's wod Ah'm thinkin' thar't noan
  deein' yet."

"Jane Ellen, Jane Ellen, tha knows heaw Ah
  feel,
Ah'm nobbut a bantam, an' bandy as weel.
Bud Ah love thi, an' will do fer t' rest o' mi
  life,
An' Ah wants thi ta wed mi, an' bi mi sweet
  wife."

"John Willie, John Willie, tha thinks thar't no
  prize,
Bud Ah dern'd reckon value accordin' ta
  size.
Ah'll wed thi, an' gladly. No duties Ah'll shirk,
An' wi'll ged wed at Wakes Wik, then tha'll
  loise no work."

"Jane Ellen, tha's fair med mi heart beat like
  mad,
Bud Ah'm noan lookin' forrart ta tellin thi
  Dad."
"John Willie, o' that point tha need ha' no
  fear,
'Cause Ah towd 'im misel, just afore Ah
  come 'ere."

Bob o' Joe's

Thrials o' life

Tha mon gooa an' tell thi grandma
Tha's passed thi scholarship;
Gooa lookin' smart an' soombit-
    like –
An' nooan o' thi lip!
Ged tidied up an' look thi best!
'Owd on! Afoor tha gooas,
'Es t' getten a cleyn 'onki
T' wipe thad runny nooas?
Coom 'ere! Thi shoon neead
    brossin',
Thi tie's put on skew-wiff –
Jus' si thissel in t' lookin'-glass!
Wheer's thi partin' an' thi quiff?
Thi stockin's 're o' twisted,
Aw'll 'ev tha lookin' reight –
Tha carn'd gooa t' thi grandma's
Like tha's jus' bin in a feight!
An' whad abeaut thi laces?
Th' ar' axin t' thrip up –
Tie bows an' look respectible,
Tha slovvenly luttle pup!
Neaw, ston' up straight – thi
    showders back!
Th' ar' mooer wark ner two!
Mmm . . . tha *cod* look woss, Aw
    foncy,
Tek thi 'ook, fo' wunst tha'll do!

T' t' grandma's t' child gooas,
    thinkin',
"Eeh! Whad a corry-on!
If gooin t' t' Grammar Schoo'
    meeans this,
Aw'll wish Aw'd never gone!"

Mick o' Pleasington

Wishful thinkin'

When Ah retire, Ah used to
  think,
An' Ah'm a whom all day,
Ah'll do all things Ah want to
  do –
It'll be all holiday.

Ah'll buy some woods an' larn
  to bowl
On t'local bowlin' green,
Ah'm sure as yon's a yezzy
  game
Fro' t'matches as Ah've seen.

Another thing Ah'd like to try,
But ne'er had time to do,
That's paintin' portraits o' my
  friends,
An' sea an' landscapes too.

But "Best laid plans o' mice an'
  men
Oft' goo astray" they say,
An' t'days are never long
  enough,
Ah've larnt to my dismay.

'Cos wife 'll say "Jack, will ti'
  fotch
Some spuds an' bread fro'
  t'shops?"

Or "Will ti goo t' t'butchers for
A couple o'pork chops?"

"Mi wesher's brokken, will ti tek
Mi clooas t' t'laundriette?
An' call in t'cobblers for mi
  shoon,
Neaw think on, dearn't forget."

Dowther'll com an' fotch 'er
  twins:
"Will y'ave 'em, Mam, for t'day?"
But Grondad 'as to see to 'em,
An' tek 'em eawt o' t'way.

So 'stead o' gooin' on t' bowlin'
  green
To 'ave a game wi' t'lads,
Ah'm pushin' swings an'
  reawndabeawts
Wi' t'other mums an' dads.

An' as for paintin' pictures, well,
All t'paintin' as Ah've done,
'As been to white-wesh beck
  yard wall,
Ah've been too busy, mon.

Ther's just one thing as puzzles
  me,
Ah'm sure it allus will:
Wheer ever did Ah find the hours
To wark full time at t'mill?

Amy Flynn

Aw'll ged a beltin' . . .

Mi dad Aw knooa ull belt mi –
'E'll belt mi black 'nd blue.
'E's feaund eaut Aw've bin smookin'
An' puffin' id up flue.

When Aw wor yong, Aw stoddied 'ard
T' weel on in t' t' neet;
When Mam an' Dad t' bed 'ad gone
Mi fag-ends Aw wod leet.

They dudn'd knooa Aw smooked at o'
(Aw'd th' 'elp o' poomice stooan)
An' chowin' Speyrmint 'elped as weel –
Sooa eaw cod they 'ev knooan?

Yong lads, when smookin' cigarettes,
Mod tek the grettest keer
T' tek a drag on t' sly – eaut seet –
When nobbri else is neer.

An' sooa Aw dud, an' lads like me
Thowt wey wor gret big mon
T' smook like fact'ry chimbleys
An' th' 'abit co'et on.

Wun neet Aw sat theer studyin'
(An' doin' t' "swaller", too)
Creauched oo'er t' fire an' tekkin' keer
Smook dhrifted reight up flue.

Aw'd bowt a tin cig'rette case
I' which t' keyp mi fags,
Fo' tho' Woodbines cost but
fooerpence,
Thu'd t' last fo' monny "drags".

Wi' 'ooarmwark (an' t' fag-ends) dun,
'T wor time t' mek fo' bed –
Aw tarned off t' gas an' crep'
upsteorrs
An' nod a seaund Aw med.

Neaw Dad wor allus t' fost abeaut,
An' t' fire 'e allus gated,
An' Aw'd lie theer es long Aw cod –
Fo' geddin' up Aw 'ated.

When t' rooam wor warm Aw gooas
deawn,
An' storrin' mi in t' face
On th' 'earth – mi dad cod nod 'ev
missed id –
Wor mi luttle cig'rette case!

Aw'd gone t' bed witheaut id!
Left id theer fo' Dad t' see –
An' if Aw knooas mi dad, t'neet
Ull knock day-leets eaut o' me!

Mi dad, Aw knooa ull belt mi!
'E'll belt mi black 'nd blue –
'E's feaund eaut Aw've bin smookin'
An' puffin' id up flue.

Mick o' Pleasington

Fowl play

Ther were sum spare greand at
   back o' th' eause
As belonged ta Corporation,
An' they offered it ta folk i' t'
   street
An' we geet an allocation.

Th' owd mon worked reet 'ard on
   it,
An' so did neighbours too,
An' if yo 'appen cum deawn eawr
   street
Yo'll find a pleasant view.

He grew sum lovely taters
An' his pays were reet deawn
   sweet,
An' t' radishes an' t' lettuces
They were a gradely treat.

He bowt a bit o' timber
An' built hissen a shed
Ta keep his gardenin' tackle in –
At least, that's what he said.

An' then one Sat'day mornin'
He went eawt quite a while,
An' when he cum back inta th'
   eause
His face were one big smile.

He sed: "Leave thi wark a minute
An' cum along wi' me."
Well, when he oppened his shed
   dooer
Yo'll ne'er guess what Aa see.

In a big wood box upon the
   flooer,
What da yo think he'd geet?
Alive, a dozen little chicks
Aw gooin' "tweet-a-tweet".

He fed um an' he nussed um
An' cawd 'em each bi name.
Ther were Emma, Dot un' Sally,
Mary, Ann, un' Jane.

They soon grew big un' healthy,
Then th' owd mon sed one day:
"Onny time at aw, mi luv,
Wist a new laid eggs fer tay."

An' then one Sunday mornin'
Yer ne'er yerd such a din –
Just as everybody
Were 'avin' a good lie in.

Aw geet up an' looked thro t'
   winder,
Th' 'ens were theer in t' pen,
Then all at once thi stretched
   their necks
An' t' din began agin.

Thi were cock-a-doodle-dooin'
As 'ard us they could goo,
An' folk were oppenin' winders
Ta see what were ta do.

Aye, all his 'ens were cockerells.
Aa sed: "tha'll have geet rid –
An' durn't ask me ta eyt 'em."
So what d'yo think he did?

He sowd 'em ta a butcher
At t' other end o' teawn.
He couldn't bear fer see 'em
Hangin' upside deawn.

Wi'v noan had a chicken dinner –
No, not fer mony a wick.
Aa'd bi fancying it were
   Emma . . .
Or should Aa say eawr Dick?

Louisa Bearman

Nellie gowd flags

Wi cawd 'er "Nellie gowd flags"
'Cos hoo wouldn't led us play –
Hoo seemed ta ged 'er pleasure
In shooin' t' kids away.

'Er dooarstep yo could eyt off
Fer hoo scrubbed id evera morn.
Bud if chilther pud a foot on
They wished they'd ne'er bin
    born.

'Er tong were sharp as scissors.
"Clear off mi flags!" hoo'd
    sheawt.
"Bi off t' t' other end o' t' street
Afore ya ged a cleawt."

Wi reckon hoo'd 'ed no
    childhood
An' neaw that she's passed on
Hoo'll be scrubbin' Owd Nick's
    dooarstep
Fer we're sure that's weer hoo's
    gone.

Elizabeth Beesley

20

Fit ter bust

Owd Jem 'n his pal, Joe Smollett frae t' pub,
Hed bin ta si t' Final, at Wembley wi' t' club.
They'd hed a good day, 'n sin best team win
'N wor tekkin' a walk, till their train would be in.
Jem wor shoppin' fer t' wife, an' he foncied a vase
Till they sis this gret winda, all full up wi' bras.
There were aw sooarts o' colour, aw kinds o' shape:
Some big uns like noo-as-bags, some just bits o' tape.
"Theer now," ses Joe, "just the thing for th' owd lass.
Why doesn't tha treat her? Tha's plenty o' brass."
Owd Jem thowt a bit, then he said wi' a grin:
"Ah think that Ah will – come on, let's gooa in."
So in they booath gooa, there's a young lass ta greet um –
What would sir desire? (Hoo thinks, here's a reet un).
"We've most shades in stock, just choose what you fancy."
"Ah will that," ses Jem, "pink'll just suit ahr Nancy.
But size – theer Ah'm flummoxed: hoo's not verra big.
Ah'll just hev ta ponder, 'n gi' mind a dig."
So he roams abaht lookin', at this 'n, then that 'n,
Scrats his hee-ad awhile, then puts back his cap on.
By this time th' shop lass, hoo's hed quite enough.
So hoo suggests grapefruit 'n apples 'n such.
Then at last Jem speaks up (hoo is nearly in tears)
"Nah then, Ah've getten it! Hes ta sin spaniel's ears?"

Bill Worthy

It's wot yer reet arm's fo'

In t' Channul Lisles, thi tell th'
   tale
Abeawt a Billinge mon
Ooz feat abeawt fooer 'eer ago
Asteawnded everyone.

This mon, a gradely Lanky lad,
I' Billinge wur browt up
On' like yer avridge Billinge
   mon
'E likes a reet good sup.

It's just fooer 'eer ago, 'e went
Ter Jersey, Wiggin wick,
It didn't tek 'im long t' gerrin
Wi' t' local suppin' clique.

Neaw wun chap theer, it soon
   turn't eawt,
Wuz th' island's champion
   boozer
An' evri mon who'd t'en 'im on
'Ud soon turn't eawt the loser.

Well, Ian – my pal's mate,
   tharris,
(A lad 'oo liked a bet)
Arranged fo' t' pair fo' t' an a
   match
An' so the scene wuz set.

Neaw t' rest's best towd bi t'
   lad 'imsel' –
I' best Billinge 'e puts it thus:
"Fust thing Ah knew, Ian'd fixt
   it up
So Ah sed 'Aye' – Ah doan't like
   fuss.

Well, t' munny wur swoppin'
   'an's left an' reet
Like Ladbroke's Gran' National
   day,
On' Ah sez 'Owd on Ian, worrif
   Ah loise:
'Oo thi 'ell dusta think's gooin'
fo' t' pay?'

Neaw t' champ wur a Frenchie,
   a nice quiet mon,
We'd both geet on aw reet up
   till then,
Burra thowt to missen, well, iz
   on iz own midden
An' that should bi wuth nine or
   ten.

Wi startid drinkin' in t' mornin'
An' just carried on aw thru t'
   day.
Well, 'e startid suppin', each
   meawthful a pint;
Ah just supped i' mi own
   normal way.

Ut twenty pints, 'e wur fooer i'
   front
Un t' creawd thowt Ah'd just
   abeawt 'ad it
Burrat twenty-six Ah wur but
   two be'ind
An' just gerrin in t' drinkin' 'abit.

Ut thirty pints Ah wur leadin'
An' Frenchie wuz slippin'
   be'ind
Burrah just kept suppin', aw i'
   mi own time
Coz that's t' best road Ah alluz
find.

Ut thirty-two pints, wi' eawt
   sayin' a word
'E just slither't deawn on t'
   flooer
So Ah thowt just i' case 'e wur
   tryin' it on
Ah'd better sup just a bit moor.

Ut thirty-six pints, Frenchy's
   still on th' greawnd,
Keepin' up non-stop moan an'
   groan.
So Ah stopp't suppin' then, uz
   Ah sed to missen,
There's no pleasure i' suppin'
   alone."

Jack Cartwright

23

T' jomble sale

Aw've just geet back fro' t' jomble sale
Deawn t' streeat, in t' local schoo –
My ward, whad a creawd tarned up,
Id's bin a reight t' do!
In o' mi life Aw've never sin
Sooch 'eeaps 'nd eeaps o' junk –
Aw've bowt a looad ev odds 'nd ends:
Thur o' theer i' thad thrunk!

Et 'eif-past six they oppened up
O' t' while Aw'd stood in t' queue,
Aw knew at mooast o' t' stuff fo' sale
Cos' but a copp'r 'r two.
Aw 'ooaped a bargin Aw mod find –
A bard-cage (nod wi' t' brid in!)
Mebbe a bit o' brass or pot,
Soom bakin' tins 'r brod-bin.

Fro' t' back o' t' queue, ee, Aw'd a job
T' poosh mi way t' t' sto's;
Aw grabbed a luttle picthur-frame
An' tuthri tennis-bo's;
A gramophooan cost 'eauf-a-creawn,
Soom reckerds Aw geet free;
A fryin' pon, an owd flat-iron
Wor o' 'eeaped on t' me.

O' t' time areaund mi thrutched 'nd shoved
A motley creawd o' fooak,
While th' or wor geddin' thick an' dense
Wi' stale tobacco smook.
Then th' orge t' buy coom oo'er mi –
Mi coppers sooan changed 'onds
Fo' soom encyclerpediars an'
"Tales fro' Monny Londs."

Aw bowt an owd tobacco-jar,
A stoffed-eawl onther glass,
Sooa clutthered up wi' stuff Aw wor,
Aw'd nobbut rooam t' pass.
O' t' lot's reight 'ere i' this gret thrunk –
Aw'll keip id theer ontil
They co' – collectin' jomble,
Then give id back Aw wull.

Mick o' Pleasington

Little big 'eyd

Ah wor i' Mary Ellen's campin' one day,
Tho' campin's nod mich i' mi line,
Bud Ah'd gone cos Ah'd 'eered nowt, sin'
   th' end o' May,
O'er two cake-tins oo'd borried o' mine.

Well while wi wor geddin' raornd ter th'
   case
(Yer need care, these is delicate jobs)
'Er gran'son comes in wi' all muck on 'is
   face,
An' t' lad were fair shakin' wi' sobs.

"Ee nair, wot ter skrikin' fer, owd mon,"
   Ah ses,
While 'is gran'ma sits 'im on 'er lap.
"T' lads at schoo' 'ev bin callin' mi Big
   'Eyd," 'e skrikes,
"An' a big un's run off wi' mi cap."

"Do stop thi skrikin' nair Bobby,
Thi mam'll nod lick thi o'er thad.
An' ther's an owd schoo' cap 'angin' i' t'
   lobby
As used ter belong ter thi dad.

"Of coorse tha's not a Big 'Eyd love,"
(Wi' kids Mary Ellen's a winner),
"So let's wesh thi face nair mi little dove,
Then ther's nice tater-pie fer thi dinner.

"Bud afoor wi 'ev wor dinner," shi ses,
Lerrin' Bobby slip arf o' 'er lap,
"Nip up rooad, lad, fer five er taters –
Tha'll ged 'em alreight i' thi cap."

Willie Bates

Swillin' t' flags

On Frida's, owd Ellen, wi' long mop
  'nd pail
Wod bi eaut cleynin' t' flags, coom
  sunshine 'r 'ail,
An' whooa'd scrub 'em an' swill 'em
  o'-neet, if neead be –
Whooa wor nowt if nod 'eausepreaud,
  owd Ellen, yo' see.

Yon flags wor 'er pride an' gret joy
  ev 'er life,
An' th' onvy o' t' distric' an' ev ev'ry
  yong wife;
Fro' t' scullery whooa'd traypse wi'
  buckets o' watther,
An' on t' flags, afoor scrubbin',
  caustic-soda whooa'd scatther.

Wun minnut whooa'd bi eaut, an' t'
  next whooa'd bi in –
Wod ne'er rest content till they wor
  like a noo pin,
Sooa thad afther t' last swillin' they
  sparkled an' shone –
An' whooa'd gi' tha a meauthful if
  tha put a foot on.

If bi chanst tha wor passin' 'er 'eause
  at thad time
T' step on t' cleyn flags wor nowt
  less ner a crime!
A bucket o' watther whooa'd swarl
  reaund thi feeat
If tha 'edn't geet gumption t' step off
  in t' t' streeat!

Wi' t' flags t' 'er likin', t' t' step
  whooa'd set to
An' scrub id like mad till id coom
  up like noo;

Whooa'd bring id up creeam wi' a
  stooan fro' rag mon,
An' on t' ladders do t' sills – an' even
  joom-ston.

Med n' diff'rence t' owd Ellen, if
  whooa thowt 'em nod cleyn –
Wi' 'ot watther 'nd caustic whooa'd
  start oo'er ageean;
"Parfection at o' costs" wor 'er motto,
  no deaut,
An' whooa'd then buckle to an' polish
  t' deawn-speaut!

Owd Ellen's nod theer, neaw, an'
  neyther is t' row –
Whooa moved to a noo 'ooame a
  short while ago;
Whooa'd noa option but flit – to a
  flat up in t' sky
Wheer thur's noa flags t' swill, when
  thar' five storeys 'igh.

Poor Ellen, whooa moorns them flags
  mooer ner owt –
Whooa misses 'em mooer ner
  whooa'd ever e' thowt;
While whooa ses t' flat's o' reight,
  whooa'll nod settle ontil
They find 'er soom flags whooa con
  gooa eaut an' swill.

Them flags wor a symbol wi' a
  meanin' profeaund,
Mekkin' Ellen a queean on 'er ooan
  bit o' greaund –
Spotless flags med 'er dwellin' thad
  bit diff'rent fro' t' rest –
Sooa fo' Ellen – baht flags – t' flat's
  nobbut sec'nd best.

Mick o' Pleasington

Integrashun – an aw that!

Travellin' wum fro' t'teawn on t'bus,
  it wur packed fro' end ter side –
Schoo'-childer wi' thur satchels wur
  makkin' t'most o' t'ride
Bi takkin' up aw t'seats in t'bus, thur
  wur no reawm onywheer,
So t'rest on us cud do nowt else but
  pay fer t'just stond theer!
An' t'childer laffed an' chattered –
  aye, a lively, 'appy seawnd,
But noan on 'um gorrup fer t'say,
  "Ere, missus, sit thi deawn."

Onyroad, noan o' mi own kind did,
  but wi'd gone beawt 'aif a mile
When a little Pakistani lass stonds up,
  an' wi' a friendly smile –
Awthough 'er ne'er ses owt at aw, 'er
  offers mi 'er seat,
An' Ah taks it, feelin' thankful Ah con
  rest mi achin' feet;
Bur aw t'childer leaves off laffin' an'
  thur chatterin' turns ter sneers,
An' Ah 'aif expects yon little lass
  t'start shreikin' fluds o' tears!

So Ah 'as sum sharp words ready, fer
  'er'd purrum aw ter shame,
But t'dusky lass wur smilin' still, as

if it wur a game!
Then aw at once it dawned on mi as
  t'lass moan't understand
Sin 'er weeren't a'lurnt plain English,
  cummin' fro' a forrin land;
So Ah duz mi best on 'er be'aif an' Ah
  lashed eawt wi' mi tung,
An' Ah ses, "Yo' lot's beawt manners,
  but this childt knows reet fro'
  wrung!"

Ee, t'backchat wur summat shockin',
  but yon little lass still smiled,
(Ah wur glad 'er cudn't understand
  fer t'language geet mooer vile)
Talk abeawt bein' shamed o' thi own
  kind – Ah wur far fro' feelin' preawd!
Weel, Ah've ne'er in aw mi mony yurs
  met such a nasty creawd!
Then mi little dark-skinned angel
  touched mi showder, still wi'
  t'smile,
An' 'er maks 'er way ter th'exit fer
  gerroff at T'Dug an' Stile;
"Aye, go wum, tha coon!" a big lad
  sheawts as t'bus pulls up at t'stop,
"Thee an' aw," caws t'Pakistani lass,
  "but fust, lurn t'shut thi gob!"

Connie Hayes

Inter each life . . .

Ah geet a flat on t' bottom floor
An' Ah'd bin in just ower a week,
When t' chap as lives i' t' flat aboon
Comes ter t' door, a favver ter seek.

"Con ta lend mi a cupful o' sugar,
An' a little drop er milk –
Ah'll fetch it back in t' mornin',"
Sez 'e, as soft as silk.

Sooa Ah fits 'im up wi' t' brewin',
Cos 'e'd nivver bin befoor.
It wor as daft a thing as Ah ivver did
Cos fri then 'e wor allus at door.

Id geet fray milk an' sugar
Ter a looaf, an' then two eggs.
'E wunce even borried a sweet-cake
As gran-child browt dairn fri Peg's.

Then 'e borried some beans fer 'is brekfast,
An' some bread, cos Ah bowt it cut thin,
An' just ter bi sure 'e'd geet ivvrythin',
A pon fer ter warm 'em up in.

Well, Ah'm nivver reight sparklin' at mornin'
Fer mi temper's wot some fooak call 'ot,
An' this mornin' bein' one er mi bad uns
Ah blew up an' 'e coppt fer t' lot.

"Yer owt ter bi glad ter bi 'elpful,"
'E sez in 'is put-upon whine.
"'Elpful!" Ah sez. "Why tha's soa mich 'er
  my stuff,
Ah'm moor at 'ooam i' thy 'airse ner mine."

Willie Bates

Summat fishy

T'other day uncle Seth wur
   cremated,
'E deed of 'is colour-blint e'en,
When Singleton's chara' run
   o'er 'im,
A green'n 'at Seth 'adn't seen.

Id wur awkert 'im deein' o'
   Frida',
Fur th'owd lass 'ad done perch
   fur 'is tay,
'Oo'd won thirteen in t'raffle at
   bingo –
Unlucky fur Seth tha might say.

Bud id tarnt aht fur t'best as id
   'appent,
Fur thi'd getten a salad fur t'do.
So i'stead o' just 'am an' cowd
   pratas,
Thur wur some geet a perch
   apiece too.

Pride o' place wur Seth's urn
   on t'top table,
As a mark o' respect so t'speyk.
Wi' 'is name etched i'black on
   t't'silver,
An' set awf wi' a base med o'
   teyk.

Well thi aw geet stuck-in t'thur
   salads,
After Jonty 'ad took off 'is 'at,
An' Sar'ann's young dowter
   Matilda,
Give o'er cloddin' perch dahwn
   t't'cat.

When thi'd golloped thur tay
   an' done suppin',
Thur wur dancin' an' muckin'
   arahnd,
An' then su'nly thi went proper
   quiet,
Fur thur brast-aht a norrible
   sahwnd.

Id wur t'moggy, thrutched-up
   in t't'corner,
Luukin' ayf wick an' doubalt
wi' pain.
An' then Sar'ann shahted "Id's
   poisant,
Id wur eawr Matty's perches
   t'blame."

Thur wur panic; an' fooak
   sturted screymin',
An' then Jonty 'phoned t'vet,
   like a foo',
Then 'e theawt 'at 'e might 'a'
   bin deein',
So 'e rung-up fur th' 'earse agen
   too.

Well thi leet awf fur t'dooer in a
   frenzy,
Mekkin' t'foncy top table
   o'erturn.
Spillin' ayf o' Seth's ashes in t'
   fag tray,
An' some smowderin' stumps
   in 'is urn.

Tha'd 'a' laughed if tha'd bin
   at th'infirm'ry,
An' tha'd sin 'em lined up fur
   thur tests
I' thur foncy black shoon an'
   thur toppers,
Wi' thur braces o'er t'top o'
   thur vests.

Thi geet pratas fro' six wi'
   thur pumpin',
An' some black-traycle-tuffy
   fro' one.
Thi fon nowt bud brahwn-ale
   i'side Jonty,
Bud o' poisonous perch thur
   wur none.

Thi wur flummaxed wur them
   on t'pump-'andle,
Bud when t'vet rung thi noo
   thi'd bin 'ad,
"Id wurn't deein' o' poison,
   yon moggy,
Id wur just mekkin' t'tom-cat a
   DAD!"

Peter Thornley

T' clock

I' Billinge lung ago 'tis sed
One nice breet summer neet,
Some folk a 'gooin' fer a walk
Font an alarm clock theer int'
   street.
Nay noan 'ad sin a clock afoor
Ter them a wondrous thing,
Ter 'ear i' tickin' laid an' clear
Wi' nay an' then a ring.
They confabbed theer amung
   thersel's
To see what they should do,
"Send fer owd Roby" some'dy
   said,
"'E knows a thing er two."

Nay Roby who wus th' owdest
   mon
Cum leanin' on 'is stick,
And scrat 'is yed, an' looked
   perplexed,
Sed "Fotch a 'ommer quick."
They fotch'd 'im th' 'ommer, an'
   wi' a swing
'E smashed it dane ont' clock,
An awt shot awt wheels and
   springs,
It gie um a gradely shock.
It seemt ter them like livin'
   things
As they flew awreaund wi' speed,
"Nay kill um quick," owd Roby
   shates,
"Afoor thi've chance fert' breed".

John Heyes

A little of what yer fancy

"Aw fancy a strawb'ry custard, wi' pickled onions on!
Nip deawn th' street t' Sarah's; be quick neaw theer's a mon.
Yer'll have ter be quite sharpish; hoo shuts at hafe past six.
An' someone else Aw knows of 'at lives wi' Tom o' Dicks,
Hoo too likes strawb'ry custards; an' like as not hoo'll be
A sendin' one o' t' brats theer, t' fotch some fer *her* tea.
'Owd on a bit though, 'Erbert, it's fairly teemin' deawn
So put on yon Sou'wester; Aw doan't want thee t' dreawn.
Mak' sure tha's got thi muffler, a 'kerchief fer yer snitch.
An' put some Snowfire on that spot, it helps ter stop th' itch.
Geet gone then neaw owd fettler, an' mind just heaw tha goes;
Th' gas-leet's gone in t' passage, tha'll ha' t' mind yer toes.
An' when yer comes ter t' ginnel, doan't linger reawnd abèawt
'Cos theer's a leaky drainpipe wi' t' watter gushin' eawt.
When tha cooms back fro' Sarah's just call at number three;
Hoo owes mi hafe o' peawnd o' lard an' hafe o' peawnd o' tea.
Hey 'Erbert! Just a minute! Tha hasn't got no brass!
There's tuppence on th' mantelpiece an' ha'penny wi' eawr lass.
Hoo'll ha' t' owd on fer sherbert. Mi custard canna wait.
Fer on that strawb'ry custard, hangs eawr Billy's fate.
Who's Billy? Why yer gormless foo'! He's *here!* Inside mi belly!
(Aw fancied cinder butties though, when Aw wur havin' Nelly.)
But this time strawb'ry custards, wi' pickled onions on
Are what Aw really fancy ter feed *this* healthy mon.
'Owd on though! He's stopped kickin'! He really has gone quiet!"

"Aw reckon Billy's heard thi, lass! Tha'll ha' t' change thi diet!"

Ken Hill

Cheyp at t'price

So t'pit men are at it agen, did tha say?
Fer a few moor quid on their ticket?
Well just let me tell thee young shaver,
Afoor tha starts ca'in' their picket.

Aw've bin dahn a few abaht Wiggin in t'past,
Some good, some middlin', some bad.
But no lad o' mine will goo dahn yon 'ole,
An' sweat aw 'is life, like 'is dad.

First you're shut in a cage, like rats in a trap,
Then t'banksmon rings "t'men ridin'" bell,
Then thi belly a' but comes into thi mearth,
An' tha drops like a stone dahn a well.

Tha spends afe thi time on thi' 'ands an' thi knees,
Like a gnome when 'e searches fer gold.
Thi mearth fills wi' coal dust fro' t'fellow in front,
So tha keeps it fast shut when th'ar told.

'As t'ever felt icicles run dahn thi spine,
When tha sees thi lamp start burnin' blue?
If tha 'as any sense tha'll get from theer fast,
An' tek a' thi mates wi' thi too.

It bot needs a spark from a sledge on a bar
Ter mak widders o' t'wimmin above.
Price increases eyt up what compen they'll 'ave,
An' a' they'll 'ave left will bi love.

When tha's spent afe a lifetime a-diggin' fer coal
Tha learns to sup ale bi th' quart.
Thi mearth gets weshed gradely, but there's nowt
    con shift
A' that dust reahnd thi lungs an' thi 'eart.

So next time tha goos to put coal on,
Remember a' t'men what's bin lost,
Just to let other foalks moan in comfort
Abeaht coal – an' what it a' cost.

S. Moseley

To a male voice choir

Ah suppose yo'll hev noaticed me
    bletherin' away –
Fer wards Ah'm noan lost, Ah
    con natter aw day –
But when Ah yer *them*, like a
    layrock on t'wing,
Ah feel kind o' humble; Ah wish
    Ah could sing . . .

We've guest-artistes sometimes,
    decked eawt i' ther best;
They tek a deep breath an' they
    push eawt ther chest,
An' eawt id aw comes till yo yer
    t' rafters ring
An' Ah keep on thinkin' . . . Ah
    wish Ah could sing!

Yo met think 'at wards are aw
    reet as they are,
But nay – wards an' *music*
    seawnd betther bi far.
Ther's sea-songs an' love-songs
    an' songs abeawt t' Spring –
Ah nobbut announce 'em: Ah
    wish Ah could sing!
                   Joan Pomfret

Seawnd o' brass

Young Bill tho' only straight
   fro' schoo'
Had forced his mind fro'
   crumpet
And jeyned up wi' his local
   band
Un' helped um eawt on t'
   trumpet.

But his weakness cum on
   practice neet –
He was never theer on time;
Late to t' schoo' room o'er t'
   meadow went,
Shoes tramplin' muck un lime.

O'er t' air there cum this waft
   o' brass:
He sat upon a meawnd . . .
He'd tell um when he geet
   inside
Heaw gradely was the seawnd.

They awl were pleased for
   t'hear o' this
Un' t' faces started t' glisten.
They awl at once put
   instruments deawn
Un' went outside for t' listen . . .

Ernest Ford

T'doctor's orders

Ah've bin fer t'wife's tonic to
  t'Doctor's
An' he's gi'en me some
  wunnerful news:
We're 'avin a babby at eaur
  'eause –
Why, Ah ver' near jumped eaut
  o' me shoes!

"Neau think on," he said,
  "durn't thee worrit.
Durn't get thi'sell meithered and
  fret.
Just follow th' instructions
  Ah'll gi' thi'
An' we'll mek a proud Dad o'
  thee yet!

There'll be no moor o' that
  'eavy liftin'
Or reichin' fer things what's
  too 'igh.
A lie-in will bate t'mornin'
  sickness

And a nap durin' t'day we con
  try.

A glass o' strong Guinness at
  bedtime
Ull bring on a full good neet's
  rest
Mek sure that theer's lots o'
  good vittals
Neau think on Ah'm saying
  what's best!"

Ah'm fain fer what t'doctor 'as
  towd me
T'fust baby is allus a treat
And as fer that bottle o' Guinness
Why, Ah'll mek sure that's
  started toneet!

Eeh, me Mam'll get clackin' wi'
  knittin"
We'll be meithered fer wicks
  over t'name
But Ah'll stick to yon doctor's
  instructions . . .
An' Ah might let me wife do the
  same!

May Figgins

Th' 'aircut

Ah went dahn fer a pow terday
As nay an' then Ah do.
Just back an' sides – nowt
    fancy
Like trimmin' or shampoo.
An' as Ah sat theer, wetchin'
    folk
Wi' styles that Ah thowt mad
Mi mind went back ter powin'
    days
When Ah were but a lad.
Day id cum, awr Mam id say
"It's time ter cut 'is 'air.
So come on Dad, get dubbers
    awt –
Nay then, no need ter swear."
So off tha went tert' owd back
    yerd,
Sat back ter front in t' cheer
Wi' towel wrapt awrand thi neck
An' frozen stiff wi' fear.
Mi Feyhter 'ed a fav'rite style
Cropt close, an' straight o'er top
Exceptin' fer a donkey fringe
While Ah fancied t' basin crop.
'I'd stert at neck an' up 'e'd goo
Then poo aht dubbers 'ard.
Owd mon, it browt tears tert
    th'een.
If tha skriked, they ca'd thi
    mard.
An' when at last 'e'd gone aw
    rawnd
He'd trim thi donkey fringe.
He'd tell thi keep thi een fast
    shut –
By Gow, 'e made thi cringe.
They tell in 'istories' pages
'Ow torture made men mad:
Ah thowt, they'd need no
    thumbscrews
If they'd dubbers, like mi Dad.

John Heyes

Sorting 'em out

It's not beer and skittles, as I'll
 have you know,
In our sorting office down at t'
 G.P.O.
This 'ere festive season is our
 busy time,
So hark to this story I've put into
 rhyme.

Our boss is a man we refer to as
 Jim:
All letters to Santa are placed
 before him.
There's some make you laugh
 and some make you cry,
And the one that I read brought
 a tear to my eye.

The envelope was home-made,
 you could easily tell,
And the child writing on it was
 learning to spell.
"Dear Santa," he said in a little
 lad's scrawl,
"You don't know me, dear
Santa, but my first name is Paul."

"My Dad's out of work," this
 letter then went,
"And we haven't the money to
 pay this week's rent.
I'd like to have something to
 compete with my mates
And three quid from you would
 help buy me skates."

The letter, with cap, round the
 office then went
And everyone there turned out a
 right gent.
We all gave a coin – we're that
 kind of mob –
And when it were counted we'd
 raised fifty bob.

Feeling proud of this effort, we
 got postal order
An' a nice little card wi' holly
 round t' border.
Then a letter from Santa was
 sent on its way,
With our fifty bob just to make
 up Paul's day.

Well, two-thri days later we
 heard from yon Paul
As again through the post came
 that same childish scrawl
A thank-you to Santa? I scratched
 at my head.
I read it out slowly, and here's
 what it said:
"Dear Santa, a thank you from a
 grateful kid
For the money you sent though it
 wasn't three quid –
Though three pounds was there
 when you sent it, I know.
Ten bob must have been swiped
 when at G.P.O."

Ernest Ford

The bingo bug

Eawr Florrie's gone to t' bingo –
Hoo sits theer every neet.
Hoo's in 'er second childhood
Er else noan gradely reet.

Hoo watches clock just like a
  hawk
Then gets 'er weashed an'
  – dressed
An' hoo's off like white tornado
Er some poor soul possessed.

'Er handbag's full o' ball pens
With 'er readin' glasses too.
Sometimes it's pourin' cats an'
  dogs
But hoo'll tak 'er place in t'queue.

Hoo's nobut got a one track
  mind –
It stops at legs eleven.
Hoo nearly won the jackpot once
But wanted number seven.

Eawr Florrie shouted "Shake
  'em up!"

Un' hoo sat theer pale un' tense
A wish somebody'd shake 'er
An' larn 'er some more sense.

'Er perm's gone fer a Burton
Un' 'er shoes 'ave all gone west,
Hoo'll soon bi joinin' t'bingo fans
Wi' nowt on but 'er vest.

A've argued un' A've pleaded
But o' to no avail
Hoo sez hoo'll win a fortune –
That 'er tactics conna fail.

But lately A've bin thinkin'
Ut happen it's fer t' best.
It could bi worse if hoo were
Takin' t' breathaliser test.

If hoo warked as 'ard ut boozin'
Hoo'd keep fillin' up her mug:
So happen it's as well hoo's
  bitten
By the bingo bug.

Edith M. Ralphs

Nearer my God t'thee

Ah geet t'thinkin' t'other day
An' wondered why thi'd done
   away
Wi' t'teawn wur Ah wur born
   an' bred,
Chrissent, schoo'd an' wooed
   an' wed.

Ah wondered why thi'd
   flattened t'street
T'dust an' rubble overneet,
An' med yon teawer, glossy
   white –
It's like a whitewashed stalagmite

Thi've stuck mi in this sky-
   high pen
Thrutched-up just like a
   batt'ry 'en.
If t'good Lord calls Ah'll bi
   t'fost t'come,
Ah 'aven't nobbut far t'run.

Give us back eawr teawn an'
   eawr street, Dear Lord

An' wur eawtside lavvy wi'
   its squeaky board,
An' Ah don't mind possin' in
   a dolly tub,
Nor t'cockroaches runnin' off
   wi' t'childers' grub.

Thi con keep thur windas wi'
   thur foncy panes,
Thur central 'eating an' thur
   modern drains
If wi ged afire an' wi'v aw
   t'scoot,
Wis need an 'elter-skelter 'r a
   parachute.

Ah've complained t't'church
   an' t'vicar said 'e
Would p'r'aps send up a
   little prayer for me.
Ah said "Write a note eawt,
   vicar, that's best,
An' Ah'll give id Him misel
   afooar Ah gets undressed"

Peter Thornley

Love's not so blind

Young Bob, 'e wor a bachelor
Wi' reg'lar wark i' t' pit.
An' monny a cap's bin set at
  'im –
But soar fer 'e 'esn't bit.

Pit baths 'ed nod bin thowt on
  then,
Soar 'e weshed 'isel' i' t' sink,
An' scrubbed 'issel' wi' t' loofah
Till 'e geet 'issel' all pink.

Coorse, monny a time 'e'd fall
  asleep
Before 'e'd weshed 'is pate
An' 'e'd sleep reight through
  till mornin'
An' bi wakkend bi 'is mate.

Sooar off 'e'd gooa, black face
  an' all,
Wi' bait stuffed dairn 'is shirt –
It were no use then ter wesh
  'issen
When 'e were gooin' back to t'
  dirt.

Airt be young Bob once med a
  date

Wi' a lass as tuk 'is fancy.
Shi'd promised ter gooa a walk
  wi' 'im –
Ah believe 'er name were Nancy.

'E dashes 'ooam fray t' pit that
  day
Ter get 'issel' spruced up,
But fell asleep when 'e'd 'ed 'is
  tay
An' were late i' wakkenin' up.

'E flung 'issel' i' t' Sunday suit,
Silk muffler fer 'is neck,
An' patent shoes like mirrers
As 'urt 'is feet like 'eck.

'E met 'is girl at Gawmless,
An' ast 'er air 'e lukked
But shi just stood theer gogglin'
Like as if shi'd seen a spook.

Then shi sed "Ah like thi suit,
  lad,
Thi shoon cut quite a pace.
Tha's just med one mistake,
  Bob –
Tha's fergetten ter wesh thi
  face."

Willie Bates

T' crystal set

Mi Dad said he'd mek us a wireless:
One o' them owd-fashioned kind,
Wi' earphones, an aerial an' t' main
  thing –
One o' them crystals 'at shined.

He said we'd o' ha' t' help him –
He'd not do it o' bi hisel';
Ther' were me an' mi Mam an' eawr
  Willie,
An' he roped in mi Grondad as well.

He got o' his tools an' a ladder
An' said "Tha'd best howd it still.
Ah'm beawnt goo in t' loft fer t' fix
  it –
Ah corn't afford t' pay a big bill."

We could yer him up theer what
  seemed ages –
We thowt he'd bi at it o' day.
Then he stuck his yed back through
  th' oppenin';
"It's a reet mucky job, Ah mun say."

He favvered a pit-bottom miner
But he'd getten th' aerial up.
"Yo'll soon bi yerrin' Eawr Gracie,"
  he sez,
"So yo childer'll ha' t' shurrup."

Mi Mam put her yed between th'
  earphones,
Then let eawt a terrible yell:
"What's o' that screechin' an'
  whistlin'?" hoo sez –
"Ther's summat gone wrong, Ah con
  tell."

"It's nobbut what's called oscillation,"
Said mi Dad, "Ah'll soon put it reet."
He twiddled t' knobs back'ards an'
  for'ards,
While mi Mam sat theer glued to
  th' seat.

"Oh, Ah con yer Henry Hall neaw" –
Hoo seemed t' be quite o'ercome.
"Tha'rt clever lad, Walter – just
  foncy:
It'll keep childer quiet an' awhoam."

But o' t' neighbours started o' callin' –
They were to-in' an' fro-in' o' t' day,
Bringin' ther friends an' relations . . .
We just couldn't keep 'em away.

"That's a beggar," mi Dad said,
  "neaw in't it?
Heaw am Ah beawnt listen at neet?
Who'd ha thowt when Ah started o'
  this lark
Ah'd end up bi fixin' o' t' street?"

Eva Peters

T'cure for pain an' sufferin'

Eawr Nellie's getten t' toothache
Id's moped abeawt o' day.
Mam's pud a drop o' whisky on
Fer tekkin' t' pain away.

A think id should be grateful
An' id's bletherin' should stop –
A'd fain pud up wi' toothache
If hoo'd offer me a drop.

If id doesn't stop id's skrikin'
A's find a bether cure.
A'll fix a bit o' streng reawnd
    tooth
An' ont' t' oven dooer.

Then A'll punce id to, an' ee by
    gum
A'll bet id starts a riot.
But when all t' ullabaloo's deed
    deawn
We'z ged some peace an' quiet.

Elisabeth Beesley

42

Waitin' fer t' papper

Local papper drops thru t' dooer – it comes but once a wick.
If Ah want read it first of aw, bah gum Ah aft bi quick.
N'er gets a chance reach floor sometimes, mi fam'ly acts so fast:
Best part o' t' news is read to mi – Ah'm nearly allus last.

Let t' wife get theer, oh dear me – it's o'er wi' fer an hour.
Ah cud count th' rivets faster, as owds up Blackpool Tower.
When 'er cums eawt "Hey! 'Ast read this?" (an' me not seen a
    page).
Th' road Ah 'owd mi hons an' face Ah owta bin on t' stage.

Then t'sermun starts on t' vital news, which aw on us mun glean –
Births & Deaths & Marriages – you know which page Ah mean.
"Ther burryin' John Alf, Ah see. Didn't know as he'd gone
    dead.
Fair innin's tho' th' owd codger's 'ad – three times that mon's
    bin wed."

"Thi second cousin's husband's aunt, who lives up Flapper Fowt –
'Er's gone too. Ah wonder why? Nobody's towd us nowt."
Then sum one's wench 'as 'ad a chilt; ther's t' family tree
    t'explain.
Ah've no moor chance o' readin' t' news than dreein' eawt in
    t'rain.

Fer forty yer Ah've suffered so. Ah must bi gradely dense.
A thowt's struck me – it's tan sum while – fer t' use mi common
    sense.
Aw these years o' bitin' nails – Ah've fun a road fer t' cease:
Next wick Ah'll see yon papper mon. Ah'll gerrus one apiece.

Jimmy Jones

None ta spare

Eh lass, na cum an' sit thi deawn
Ah'm fer mithert i' mi mind,
Ther's summat Ah mun say ta
    thee
Ah 'ope tha'll tak it kind.
T'maister stopp't bi' t'looms
    t'day
'Is face wur drawn an' sad
Tha knows ut just bi Kesmus
    time
They'n lost ther little lad.

"Na' Sam", says 'e, "ow arta lad?
Th'art 'utchin fain Ah see,
Tha's getten another bonny brid
Ta dandle o' thi knee.
Th'art beawn ta find it 'ard owd
    lad."
Says I, "Ah middlin' thrung,
It'll tak me o' mi time Ah fear
Ta feed yon merry throng."

"Eh lad, dust know 'ow blest
    th'art
Wi' childer two or three?
Fer we'n ne'er one ta co' eaur
    own
Owd lad, Ah envy thee.
What would ta say if we took
    one
Tha knows as we ha' noan –
We'd gie it every chance i' life
An' treat it like eaur own."

Eh lass, Ah wur fer flummoxed
    then
Ah didn't know what ta say,
Ah thowt an' thowt, what mun
    Ah do?
It's bin i' mi mind o' day.
Eh dear, whatever con Ah say,
It's 'ard ta do what's reight
Mi 'eart fer bleeds fer yon poor
    folk
Ah'll barely sleep this neet.

Ah thowt about eaur Matty, lass
Eh nay – that winnot do!
Hoo sews an' bakes an' 'elps
    reawnd th'ouse
An' tends ta t'childer too.
Ah connot spare 'er, that's fer
    sure
Ah'd miss 'er kindly way
Hoo's 'appy 'ere among us o'
Hoo cheers me every day.

Well, wot about eaur Tommy
    then?
'E's doin' weel at schoo'
They'n 'appen teaych 'im singin'
    like
'E's a voice 'at's clear an' true.
"Eh! not eaur Tommy – 'e's eaur
    fust
An' thi fayther's joy an' pride
Why, t'poor owd mon ud fade
    away
'Bowt yon lad bi 'is side.

There's eaur Nancy, Dad – what
    dun yo' say?"
Eh nay – hoo connot goo
Hoo clings ta me, hoo loves 'er
    Dad
Bi t'mass Ah know Ah'd rue.
An't babby – bonniest one i't'
    rook
Hoo ver' nee cost me dear.
Tha'd like t'a deed when hoo wur
    born
An' ther'll bi na moor Ah fear.

"Well, that nobbut leaves eaur
    Joe
An' 'e's noan o'er strong
Ah cling ta 'im, fer Ah really feel
Wi met not keep 'im lung.
Ta part wi' 'im ud break mi 'eart
'E needs a mother's care –
Tha'd best goo back an' tell 'em,
    Dad
We hannot one ta spare."

Anne Barlow

Vicar Myer

They're havin' a whip reawnd fer
  owd Vicar Myer
Fer his innings are done un' he's
  beawnt to retire
His playground up yonder is not
  very far
But they'll have t' cum snatch
  him from t' Red Lion bar.

His sermons instructed and
  guided uz well
He teyched uz the difference
  between heaven un' hell
I hope he'll fergive uz fer
  cawsin a fuss –
We didn't know what sin were
  till *he* cum amongst uz!

Ernest Ford

The weddin'

I'm gooin' be a bridesmaid
'Cause eawr Susan's gettin' wed.
I 'ave to wear a lung frock
An' some fleawrs on mi 'ead.

Dad says I'm such a tom-boy –
Allus wearin' pants –
For a change I mun look like a
    lass
An' not offend mi aunts.

Mi Mam's tried many an outfit
Wi' 'ats both big an' small,
While Dad keeps busy
    reckonin' –
It's sendin' 'im up wall.

Wi' aw th' brass 'e's forkin'
    eawt
For this 'ere weddin' day
'E just corned think why people
    say
'E's *givin'* bride away.

Front parlour favers gift shop
Wi' 'is side's things an' eawrs –
There's beddin' an' clocks an'
    cookin' pots
An' no room ter move fer fleawrs.

There's one good thing abeawt it
Now eawr Susan's off the shelf:
Mi Mam an' Dad'll be gainin' a
    son,
But I'll get a room to miself.

Nellie Crutchlow

Owd 'Arry's

Thur's a noriental café
Oppent up at t'top o't'broo,
Thur's El Greco's deawn in
    t'bottom
Wheear id dips.
An' in t'middle thur's Picasso's
Better known t'me an' you
As owd 'Arry, sellin' pies
An' peys an' chips.

W'en tha goos fur bite an' sup
At El Greco's tha'll put up
Wi' a foncy group
An' aw t'guitars thi'v breawt.
An' up broo thur swayin' yet
T'yon manderin quartet,
But at 'Arry's tha gets
Luxenburg 'r nowt.

At El Greco's thi'v geet snugs
Padded eawt wi' foncy rungs,
An' thur's colourt leets
An' candles in a pot.
Top o't'broo thur's lanterns 'ung
While tha'r mawlin' wi't' Foo-
    Yung,
But a flashleet's o'ny thing
'At 'Arry's got.

Thi'v geet tablecloths i'geawd
At El Greco's, so Ah'm teawd,
An' some foncy fans
Keep t'tempritchur just reet.
But at 'Arry's w'en it steyms

'E tarns t'gas deawn under
    t'beyns,
An' thi tablecloth's aw t'noos
Fro't'other neet.

Thi'v geet menus ayf-inch thick
At El Greco's an' yo pick
Aw y'ur foncy meyt
While waiters 'ovver by.
But at 'Arry's thur's a card
Stuck on t' wa' ayf-way deawn
    t'yard
An' tha sheawts up lobby
"Peys!" 'r "Prata pie!"

Tha'll 'av gathert t'place wur
    rough,
An' at last folk'd 'ad enough
Of owd 'Arry an' 'is
Smelly fish an' chips.
Neaw thi'v tuuk thur trade up
    t'broo
T'yon modern Chinky-Boo,
'R El Greco's wi' 'is
Foncy leetin' strips.

Tha might think 'at 'Arry's sad,
But 'e's really raythur glad.
Fur 'e's done just wad 'e fust
Set out t'do.
'E's bin tryin' neaw fur weeks
T'get 'is customers t't'Greeks.
Fur 'e owns yon place
An' t'flamin' Chinky too!

Peter Thornley

47

Sayin' mi piece

When t' teacher said "We'll do a
    play",
Ah knew Ah'd ged a part –
Ah allus did like dressin' up,
Ah know mi piece bi heart.
In t' fost scene we're on t'
    mountainside,
An' Ah'm a shepherd boy,
Then th' angel comes an' tells us
Of "Good tidin's of great joy".
An' th' angel's ar Elibabeth Ann,
Oo does look weel wi' wings,
An' one o' Mam's owd cotton
    sheets
Teed up wi' tinsel strings.

We 'ed a practice yesterday,
We couldn't ged it reet,
Ah hit one lad wi' t' lantern
For stan'in' on mi feet.
Ar teycher played t' piano,
So we sang a carol then,
An' Mary coom wi' Joseph,
An' ad after t' Three Wise Men,
They'd cardboard crowns, an'
    browt their gifts
For Mary an' her Son,
That's when Ah'ed to say mi
    piece:
"God bless us, every one."

Josephine Iddon

Footin' t' bill

Young Harry cum wom fro' t' scoo t'uther neet
Un' t' frown on his face showed t' trouble he'd geet.
"Wot's up wi' thi neaw?" was 'is muther's refrain,
"Tha's a freawn on thi face uz cud fotch on some rain."

"It's yon teycher ut scoo uz makes mi like this
Un' if he jeyned Brain Drain he's one we wun't miss.
He ses 'Wot's a square foot?' I ses 'I don't know'.
So he's gi' mi till Monday for t' answer to show."

"A square foot? A square foot?" His mam scratched her yed.
"We've had noan in our family un' mooest of um's dead.
Tha'd best keep thi problem till fayther gets wom.
Neaw he'll know what's catchin', un' catchin' who from."

His fayther cum wom from t' office that neet
Un' wi' thinkin' aw day he neaw didn't feel breet.
When confronted wi' t' problem of wot's a square foot
He scratched on his yed un' gave a tut-tut.

"Union rep. ut our office ull know wot one is!"
So he snatched fer his jacket un' gi' t' wife a kiss.
"Ah'll goo round un' see 'im, Ah'll not bi long luv,
Ah know where ter find 'im, he'll bi down at t'club."

He searched out this rep. un' asked "Wot's a square foot?"
Rep. started for t' stammer un' answered "But . . . but . . .
I cawn't tell thi reet awf, but weer un' just when?
Fer there's one thing I'll tell thi – it's a case fer compen.!"

Ernest Ford

Mi seet

Er Mary's bin chunnerin' at mi
    again
'Cos mi een aren't as sharp as
    afoor.
She towd mi "Geet thi ter t' doctor
Else tha'll ne'er see knob on t'
    door."

So straightways Ah went ter t'
    surgery
Ah tell thi, noan lookin' so
    breet –
An' doctor says "Is it heartburn,
    my man?"
"Nay, doctor," Ah sed, "it's mi
    seet."

Owd mon it's getten mi
    guessin' –
It's funniest thing Ah've er
    seen –
Why, 'e towd mi ter drop mi
    britches
When Ah wanted 'im just test mi
    een.

John Heyes

Coppin' on

T' young farmer's mon wur o'
   toffed up
Fer t' neet eawt deawn i' t'
   teawn –
He'd weshed his neck an'
   blacked his boots,
His hair all plaistered deawn.
Fer ivvr'y neet, t' young fooak ud
   meet
Reawnd t' bandstand deawn i' t'
   park –
T'wur here thi did thur coppin' on
An' marlockin' i' t' dark.
Well theear wur t' lad, just off
   deawn t' loyne
When t' farmer chonced i' t'
   rooad.
"By gum," he said, "thah't fettled
   up –
Wheear t' beawn then
   onnyrooad?
An' what's thi torch for lad?" he
   said,
"Arta stoppin' eawt wholl dark?"
"Ah'm beawn a coppin' on," said
   t' lad,
"Wi' t' lasses deawn i' t' park."
Well, t' farmer laughed an' said
   "Nay mon,
Tha needs nooa leet fer that.
When *Ah* wur young Ah allus
   laiked
Wi' t' lasses wholl reight lat.
Ah took nooa torch when Ah
   copped on,
Ah'd noather lamp ner leet."
"Well, happen nert," said t'
   farmer's mon,
"But just look what tha geet!"

Nellie Pickles

Th' penny drops

Ah'm just sittin' 'ere 'cos Ah'm too tired for
bed.
Ther's that mony thowts gooin' reawnd i' mi
yed,
Today's bin mi birthday, we'n 'ad such a do,
All t'chilther 'ave bin, an' mi gronchilther
too.

We'n 'ad a grond party, wi' jelly an' such,
Poor Willie wur sick, 'cos 'e'd 'etten too
much,
We played 'idin' t'thimble, an' I spy an' all,
An' then we'd a sing-song, that suited 'em
all.

It's just com to me what mi mam use to say,
Ah thowt hoo wur awful for talkin' that way,
But Ah realize neaw what hoo said then wur
true,
"Ah'm thankful they com, but Ah'm fain
when they goo."

Amy Flynn

Cross Words

Ar Maggie's getten t' crossword
   craze –
Oo's weel an' truly bitten.
'Er sits theer like 'er's in a daze,
Wi' nobbut three words written.

"Ah'm stuck," 'er said, "wi'
   number four,
Ta me id just seawnds crazy.
'Enthusiast cools the topmost
   floor'.
Ah've thout till Ah'm fair mazy.

"I'd sterts wi' 'F' an ends wi' 'C'
Bud Ah've geet nowt i' t' middle.
Come on, lad, do thi best fer me
An' 'elp ta solve this riddle."

Ah leet mi mind range wide an
   free,
Then in a voice dramatic,
Ah sez: "Tha gawmless gowk, it's
   thee:
Tha greight crossword
   FAN-A(T)TIC."

Bob o' Joe's

Rooam fo' another

Aw'm fain Aw'm med welcoom whorever Aw
    gooas,
Med t' feyl Aw'm included in t' fowd;
Aw dorn'd keer a coss though Aw'm i' mi
    owd clooathes,
If Aw'm nod on mi ooan, left in t' cowd.

Id meks life woth livin', Aw'm reight suited
    an' o',
When a friend grosps mi'ond like a brother;
But whad bucks mi mooast is when t'
    conducthor ull co':
"Thrutch up, neaw, thur's rooam fo'
    another!"

Tha's gi'n up o' 'ooaps, deawn at back end
    o' t' queue,
An' t' last bus is fillin' up fast;
Tha shoffles a bit forra'd – but thur's nowt
    tha con do
T' ged on – if id'oppens th' art last.

On Sunda's t' t' chapel Aw rush off i' a stew,
Aw'm last in ageean, Aw'm a bother!
But up th' aisle sidles t' verger, t' find mi a
    pew
Wi' "Thrutch up, neaw, thur's rooam fo'
    another!"

At times id's t' t' docther's Aw'll mek off
    afther tay,
When Aw'm ailin' wi' summat 'r t' other,
An' though t' sargery's full, Aw'll gam
    soombri ull say:
"Thrutch up, neaw, thur's rooam fo'
    another!"

But mi time ull sooan coom fo' t' last
    reck'nin' t' pay –
When Aw ston theer at gate in a flutther.
Id'll really bi 'eaven, if Sont Peyther con say:
"Thrutch up, neaw, thur's rooam fo'
    another!"

Mick o' Pleasington

The Village Show

Ah'd tekken rand mi onions
Ter put in t'Village Show –
Ah've neawr won owt wi' um
But Ah allus hev a go.

Na when Ah got t'village haw
Ah wur in fer a reet shock:
The judge – her wur a woman
In a bit o' a flard frock.

And as Ah said ter Sammy
(He's mi mate at garden plots)
"What's a woman know of
    onions?
Or come ter that, shallotts?"

They sed her hed certificates
Fro' some technology
But Ah couldn't 'elp remarkin'
Her bod looked young ter me.

Wi stood arand and waited
Fer t' prizes to go on
But her picked um up and
    prodded um
As though her wur a mon.

And then her hed decided,
And stuck t' badges on . . .
Ah went to hev a closer look,
And, by gum, mine hed won!

It's as Ah sed ter Sammy,
Workin' deawn in t' plot,
Her'll know a bit wi' cookin'
    um . . .
In fact, her'll know a lot.

P. A. Hooson

Made to Measure

Last Sat'day morn, th' owd mon
   an' me
Were walkin' areaunt teawn
An' lookin' in a tailor's shop
When up cum Benny Breawn.

He sed "Ah'm glad ta see you –
Neaw would yer be so kind
As ta help mi choose a bit o'
   cloth?
Ah can't mek up mi mind."

Neaw Benny, he's that bandy
That if ere he geet a shock,
One thing as couldn't happen:
His knees 'ud never knock.

So when he fancied sum wi'
   stripes,
Th' owd mon sed "Nay, mi friend,
Wi' legs like thine, them stripes
   'ud twist
Like railway lines at bend."

Well at last we geet him suited,
Wi' a bit o' nice dark grey,
An' wi were just abeaut ta leave
   him
When he begged for us ta stay.

He'd ne'er had a suit ta measure –
They'd allus bin off t' peg –
But everything went reet as rain,
Till thi cum ta measure t' leg.

Neaw tailor, he were thoro,
Gooin' curfully reaund each
   curve,
But he took so long abeaut it
He geet on Benny's nerves.

He sed "Tha's tryin' t' mak'
   'um fit,
But lad, tha'll never mend 'um.
So stop thi fiddlin' in an' eawt –
Thee mak' 'um straight, I'll bend
   'um."

Louisa Bearman

John Willie

"Con Aw bring her whoam?"
John Willie, sighing, axed his
   mam.
"What! Bring 'er 'ere? Nay, Willie,
barmaid fro' t' Leg o' Lamb!
Tha nod th'only chap, John
   Willie
whose een leet up wi' pleasure
at Rooasie's every wink and nod,
but don'd thee repent at leisure.
Sleep on id, John Willie,
for once tha's med thi bed,
tha'll 'ev t' lie on id tha knows,

don'd rush where angels fear t'
   tread.
Tha knows Ah'm reet, John
   Willie,
there's better fish in t' sea
than ever cum t' table
for t' likes o' thee and me."

John Willie, sighing, thowt a bit,
his mam wer allus reet.
But he'd med 'is bed
as who'd find eut – one August
   moonlit neet.

Dorothy Hardy

Ah dooan't want much

When Ah gets up each mornin'
Ah'm sure ter get one thrill,
Cos when Ah draws mi curtins
    back –
Why, theer's owd Pendle 'ill.

I' t' summer time she calls mi,
Wi' multi shades o' green,
Some nigh as dark as Demdyke's
    beard,
Some bright, like Assheton's
    cheyne.

Ah'm nivver varry far fra 'er
Because, yer see, ter me
Shi stands for immortality
An' God, an' Liberty.

Weer else is mon sooa truly free
As on green Pendle's side,
Headin' onny rooad 'e fancies,
Weer else a choice sooa wide?

But it's i' Winter as Ah love 'er
    best,
When t' snow lies over all
An' t' only sairnds is Nature's –
Like t' wind, an' t' curlew's call.

Then Ah puts on some extra
    socks,
Gets airt mi lace-up clogs,
An' starts mi climb fray t'
    Sabden side,
Wi' t' walkin'-stick an' t' dogs.

When t' time comes fer mi days
    to end
Ah'll be well-suited, laid ter rest
Up wheer Ah's feel next-door ter
    Heaven,
On t' swell o' Pendle's breast.

Willie Bates

Clugger's Shop

Aaw joust goo every Sat'day
  morn
When mi muther geet Dad's pay;
Her'd say, "Ger off to clugger's –
And durn't sit theere aaw day."

Her'd tek her clugs fro' off her
  feet
Un' Aaw'd put one on each hand,
Un' clap um gether aaw deawn
  street
Like a drummer in a band.

Aaw loved gooing up ta clugger's,
Mi mates ud all bi theere
Sittin' on an owd wood bench
Un' clugger in his chee-er.

Shop had a smell aw of its own
O' wood, un' ile, un' leather,
Un' smook uz blew deawn
  chimbney oile,
Especially in rough weather.

We'd sit theere in eawr stockin'
  feet
Wi' big toes peepin' through,
Un' then we'd kick each others'
  legs
Fer want o' summat do.

Clug irons hung fro' ceiling hook
Tied wi' a piece of string,
Un' wi'd rattle um un' shek um
Till it made thi yerholes ring.

Eh, clugger wer a patient mon
Er awmost deaf un' dumb,
Fer th' only words I yerd him say
Wer, "Wheere's brass, clugs are
  done."

Louisa Bearman

An Ugly Mon

When Ah wor but a little lad
Mi mother used to say:
'Doorned torn thi een up, like
    tha does,
They'll happen stick that way.
Ah never heeded what hoo said,
Or did as Ah wor bid:
Ah kept on tornin' up mi een,
And so, one day – they did!

Ah wor a heedless little lad,
As mooast lads are, no deaut;
They towd me if Ah bit mi nails
Mi yure would a' fa' eaut.
Ah never heeded what they said,
Ah took no heed at all,
So that's the reason that my 'ead
Is like a billiard ball.

Ah used to pull a horrid face
To terrify the lasses
When t'teacher's back wor
    turned, or 'e
Ad tecken off 'is glasses.
They towd me that mi face
    would stick
Like that, if Ah kept on;
Ah never heeded, so that's why
Ah'm such an ugly mon.

Tom o' Dick's

It depends wur tha luks

Ee, it's plain tha's neyer wurked
   darn t'pit;
If thy 'ad Ah think tha'd 'av a fit.
If tha'd sin awl muck un' dust
   darn theer,
Tha wudn't moan abart this up
   'eer.
Tha'd luk ararnd un' think it
   grand,
For t'av awl these wundrus
   things at 'and;
Like Wigin Pier un' Blackpool
   rock,
Un't' Sankey canal un' Preston
   Dock.
Ee lad, tha wudn't think it wur fit,
Fo't' moan if tha'd just cum up
   from t'pit.
Nar this district 'eer, it's not so
   bad;
It wur much better when Ah
   wur a lad:

But awl things change as tha
   grows old,
Even t'slag 'eeps 'll go sumday,
   we're told.
An' if tha'd think with thi brain
   an' not thi mouth,
Tha'd not swop it for owt thi'v
   got darn south.
Cos lad, just think of all that's
   fine
Te th'eyes of a bloke just up
   from t'mine.
Un' if tha still can't say owt gud
   of it,
Then it's plain tha's neyer
   wurked darn t'pit.

Alan Marsh

61

Nouveau Riche

Uh mon Ah know's ne'er work't a wick
Sin' t'day uz 'e geet wed
On' t' lazy bugger seems fo' t' spend
Most on 'is life i' bed
An' when t'Dole finds a job ferrim
'E finds sum't road gerroff –
'Is back is playin' up, er else
'Eez getten uh bad cough.
From time t'time, 'e teks jobs on
But gets secked on t'fust day
Bi doin' sumthin' wrong er else
Fer skivin' t'time away.
'E spends most on 'is day in t'pub.
On' con 'e shift sum beer!
On' theer 'e studies racin' form
Un' 'as dun, t'last few year
'E knows aw th'orses' pedigrees –
Which won, which lost, 'eaw far,
Yerrawom, eawtside 'is terrace't 'eawse
'E's 'n·'S' registration car.
Burr Ah 'ave fo't admit, when 'e sees thi in t'pub
Weer 'e's bin aw day, quietly shirkin'
Fust thing uz tha knows, 'e'll 'ave bowt thi uh pint
Sayin': "Tha caw'nt afford it – tha'rt workin' "

Jack Cartwright

First Thirst

Neaw Jack'ud led a quiet life
Whilst labourin' on t' farm
Un' t' farmer's lass had sheltered
   him
And kept him fro' all harm.

Tho he was back'ards in mooest
   things
He was an artist ut his diggin'
But shovelin' dirt gi' him a thirst
So he ventured awf to Wigin.

A pub it soon cum into seet
Un' Jack's een they leet up.
But stondin' theer he didn't know
What for he ought ta sup.

"I'll have . . ." he frowned un' gi'
   a gulp
Un' t' landlord knew ut once
Uz he'd either geet a stammerer
Or maybe just a dunce.

"Con I help thi eawt?" the
   landlord asked,
"If th'art a stranger to a pub
Then I'll suggest a drink fer thee
Wi' a plate o' eawr best grub.

"Sum foak sup this," he then
   went on,
Pointin' to a lager sign.
"They say it's good un' aw, owd
   lad –
Mooest tek a glass wi'lime."

"Aw reet, th'art on then," Jack
   replied
Un' shyness begun to fade,
"But that theer lime to go wi' it –
Con I try just heawf a spade?"
Ernest Ford

Deeath-blaw!

They cawed thee "Slum", "Unfit
   for use",
Them faceless 'uns oo talk
'Bout 'ygiene, comfort,
   cleanliness –
'Bout owt, exceptin' folk!

Ah allus thowt Ah'd end my days
Wheer luv an' kids were nossed;
Tha' when Ah went frae thee,
   owd 'oame,
They'd tek me out feet fost.

Instead, Ah'm off ta th'edge o'
   town,
Uprooted 'gin my will;
They've fon' a modern flat fur
   me –
Wi' no back-yard or winder-sill!

As foreign as tha' ward:
   "Goodbye",
Will Ah be in yon flat;

Wheer will Ah look fur
   memories?
'Ow con Ah talk ta *that?*

Yon rose tree, bloomin' in
   t'back-yard,
It's stopping 'ere wi' thee;
Remember Fred? *'E* planted it –
Ah caun't tek *that* wi' me!

Ah've cleaned thy winders,
   stoned thy step,
Black-leaded t'grate, an' aw;
Thee'll 'ave no cause fur shame,
   owd 'oame,
When t'time cums fur thy faw.

My tongue caun't form yon
   foreign ward,
It's chokin' me ta try;
Why won't they leave owd folk
   aloane!
Oh 'oame, my 'oame – Goodbye!

Celia Harvey

Mary Jane

If onnybody axed mi to describe eaur Mary Jane,
Ah'd say 'oo wor a reight grand lass, albeit rayther plain.
Oo'd never 'ed a fella an' oo wer nearly thirty-nine
An' mi mam 'ed getten a thinkin' weddin' bells would never chime.
But one day o' this altered an' to Mrs. Thompson deawn eaur
  street
Cum a policeman fer a lodger (yo could tell 'im bi 'is feet.)
Well, 'e took a shine to Mary Jane an' started cummin' in
An' sittin' in eaur parlour – just Mary Jane an' 'im!
Mi mam wor some an' suited an' 'e 'adn't bin cummin' long
Afore oo started plannin' bridal tays o' trifle, 'am an' tongue.
But three years passed an' still 'e set in t' room wi' Mary Jane,
An' mi mam were geddin' fractious an' one day oo med it plain.
"Ah doant 'owd wi' bein' forrad, but tha's waited long enough
An' now it's getten Leap Year, so ged i' theer an' do thi stuff!
If 'e's too shy to ax thee if thee an' 'im should wed,
Tha'll 'ev to pluck thi courage up an' thee ax 'im instead."
Soa Mary Jane wi' 'eart i' meauth went up to 'im an' said,
"Sam, lad, Ah've bin thinkin' as it's time as we geet wed!"
An' Sam 'e puffed upon 'is pipe an' give a knowing wink
An' said, "Ah've often thowt o' that misel',
– but who'd 'ev us, dosta think?"

Olga Gilleard

Leavin' wom

So tha's made up thi mind that
   tha leavin',
Well allreet, if tha feels that tha
   must,
But just listen awhile to me
   speakin',
Let's say a few words te thi fust.

Nar tha gooin' away wi' thi yed
   full o'dreams,
Tha's getten thi mind set on ·
   gooin',
An' thar all full up wi' thi
   wundrous schemes,
But art sure tha knows wot tha
   dooin'?

It's a rum world owt theer so
   they tell me,
An' tha'll meet lots o'very strange
   folk,
An' they'll not be so eager fo't'
   'elp thee.
Ah cun tell thi it's no bloody
   joke!

When tha miles from t'rest o'thi
   family,
Who'll 'elp if thy 'appens take
   bad?
It's not that Ah'm tryin' t'dissuade
   thee –
Ah just think tha'r a little bit mad.

Cos if ever there's owt tha needs
   dooin',
Though we'll know wheer exactly
   tha'll be,
Don't think we cun just cum a
   runnin' –
It's a gud way from St. Helens
   to Leigh!

Alan Marsh

66

Quo Vadis, Joe?

Yo meet sum funny kinsfolk
When luvved uns pass away
Tek, fer instance, Sarah Clough
Oo cawd uz t'other day
"Ah wannt yo t'lay mi 'usband eawt
'E deed last neet" 'er said
"On' t'mek funerull arrangements
On' owt else uz 'e'll ned"

Ah went theer on 'er let mi in
Then led mi ter t'bedroom
Weer owd Joe Clough, in peace at last,
Lay in t'drawn-curtin'd gloom.
Wi' t'leet on, Ah could see uz 'e'd
Ne'er bin shaved fer a while
On' t'bristles on 'iz ash-gray face
Stood eawt . . . aif a mile

"Ah'll wesh un' shave 'im, Missis Clough
"Tharriz, if yo agree"
'Er thowt un' then 'er gi'd u nod
On' said "That's up ter thee.
Ah'll goo un' get sum watter"
Wi' which, 'er went away
Returnin' wi'in t'minute
After second thowts, ter say:

"Don't bother shavin' 'im. Ah mean
After all . . . u wesh'll
Do fer Joe. It's norruz though
'E's gooin' sumweer special".

Jack Cartwright

Goin' t' Grammar

Er Joe's gone t' Grammar –
Granfayther's reight glad:
"Wot dost larn at yon schoo'?
Cum on, tell mi lad."

Er Joe scuffed 'is noo shoon –
A shy lad wur er Joe –
An' 'e started ter tell Grandad
Things 'e wished fer t' know.

"We've Maths, Grandad, an' Science
Ther's Germun an' ther's French . . ."
Th' owd un set theer – smilin' –
I' sunleet on t' bench.

"That furrin' talk's a'reet, lad,
But, tell mi, wudden ti rayther
Larn t' spake Queen's English –
Just like thi owd Granfayther?"

Mary Marcroft

What mak o' folk wrote these poems? Turn t' page fer a Who's Who...

The contributors...

Born in Rochdale sixty years ago and now living in Heywood, **Anne Barlow** first became interested in dialect through her grandfather, who lived at Bamford – "he bequeathed all his books of dialect to me, which I treasure and have continued to read and re-read over the years". A former woollen weaver, Anne Barlow is a member of the Edwin Waugh Society. (Page 44).

Willie Bates is a war-disabled pensioner (he was taken prisoner at Corinth Canal in 1941), and he began writing dialect verse during a long illness twelve years ago. He already has one collection on sale, has broadcast regularly with Radio Blackburn and provided the commentary for a local documentary film. He was born in 1915 in Rose Grove, Burnley, where he still lives. (Pages 25, 28, 40, 58).

Starting work at thirteen in a Bolton cotton mill, **Louisa Bearman** rose at 5.15 each morning to be at her two looms for 6 a.m. Subsequently she was a shop assistant (8.30 a.m. to 8 p.m., and sometimes to 11 p.m. on Saturdays); drove a horse-drawn bread delivery van during the 1914-18 war; worked on the land; and then moved to Birmingham to start an estate agency business with her husband. This flourished, but after being bombed out three times during the 1939-45 war she returned to Bolton, taking over an empty shop and producing forty meat-and-potato pies a day for a local mill. In 1968 she went into hospital for an eye operation. "I wrote a poem about going blind. The sister found it in the waste-paper bin, where I'd thrown it. She showed it to a doctor, who said I ought to write more and perhaps have them published. I laughed – I'd been writing poems and throwing them away for much of my life." Now a widow, a great-grandmother and virtually blind (she dictates her verses to a friend), she has appeared on ITV's *Opportunity Knocks*, broadcast with Radio Blackburn, and has had one of her poems set to music by BBC-2. Big Ben have made a long-playing record of her reading her poems, and Dalesman recently published a collection of her work. She was born in Halliwell, Bolton, in 1899. (Pages 19, 56, 59).

The daughter of a Darwen medical herbalist, **Elizabeth Beesley** was born in Blackburn in 1924 and now works in a mill shop in Darwen. Her interest in dialect stems from the publication of short stories in dialect in the *Lancashire Evening Telegraph* some twenty years ago, and from dialect items in *Lancashire Life*. (Pages 20, 42).

Jack Benson is a window-cleaner who was born in 1936, has lived in the Fylde all his life and began to write dialect verse in 1970. To readers of *Lancashire Life*, he is perhaps best known for his 'Molespurge' stories. (Page 12).

Bob o' Joe's is the pseudonym of R. Hindley, who was born in Chorley in 1914 and has lived there ever since, apart from war service with the RAF. Following a breakdown in health, he is now a superannuated local government officer who "writes when the spirit moves me and for my own enjoyment". (Pages 15, 53).

Wigan born and bred and proud of it, **Jack Cartwright** left school at fifteen to become a railway clerk, later moving to banking – during which he studied at night school, obtaining the degree of BScEcon. Now he teaches politics and economics at Deanery High School, Wigan. (Pages 22, 62, 67).

In her forties, **Nellie Crutchlow** works as a school cleaner in Horwich and has been writing in dialect since 1972 – "but scribbling all manner of things since I was eight". She is a member of Bolton Writers' Circle, "without whose encouragement my work would just have filled drawer after drawer". In recent years, she has helped to raise money for local charities by reciting her poems at various functions, and her work has been broadcast by Radio Blackburn and Radio Manchester. (Page 46).

An Edgworth, Bolton, farmer's wife/dogsbody and young-stock rearer, **May Figgins** served for five years in the 1939-45 war in the ATS – she was one of the anti-aircraft, 'ack-ack' girls – and has since had her poetry published in a variety of periodicals including the *Farmer's Weekly*. Her work has also been broadcast by BBC Radio 2 and by Radio Blackburn. (Page 35).

Amy Flynn was born in Stacksteads in 1921, moving in 1931 to Bacup, which is still her home. A member of Burnley and District Writers' Circle and of the Lancashire Authors' Association, she began writing dialect verse in 1973. (Pages 17, 52).

The youngest son of a collier, **Ernest Ford** was born in 1930 at Hart Common, Westhoughton. He followed his brothers and sisters into the textile trade in which he served for seventeen years before moving on to his present occupation as a senior sales clerk with a mining engineering firm. His collection of dialect words and phrases has been featured in the Lancashire Dialect Society's magazine and three of his poems are performed on a long-playing record made by the folk group, the Houghton Weavers. (Pages 34, 37, 45, 49, 63).

Olga Gilleard was born in the late 1920s in Rishton, where she still lives and is secretary of the local old people's welfare association and of Rishton scout supporters club. She began writing dialect verse two years ago. (Page 65).

Born in Accrington and now living in Oswaldtwistle, **Dorothy Hardy** first saw her verse published in *Country Life* in 1966 . . . and believes that her poem 'Sunrise on Pendle Hill' made history by being the first to appear in *Lancashire Life* (in March, 1972)! A member of Burnley and District Writers' Circle and of the Lancashire Authors' Association, she has won many awards for her writing, but did not venture into dialect verse until 1976. (Page 57).

A former cotton mill worker, **Edith Hargreaves** was born in Burnley Wood, Burnley, in 1918. Although she has for many years recited in dialect, she did not begin writing in this form until 1973. (Page 13).

Celia Harvey is a Penwortham housewife who is a member of the Poetry Society (London), the International Poetry Society, the Lancashire Authors' Association, the Preston Poets' Society and Leyland Writers. Since starting to write poetry seriously in 1971 she has collected a number of awards. (Page 64).

Born in Bolton, which is still her home, **Connie Hayes** began writing at the age of seven, but did not turn to dialect until ten years ago. Last year she published a collection of her work, which has been broadcast by Radio Blackburn. (Page 27).

An assistant in a horticultural shop, **John Heyes** was born at Haydock in 1928 and still lives in the district. Five years ago he added the writing of dialect verse to his other interests of gardening and watercolour painting. (Pages 30, 36, 50).

Eldest son in a family of weavers, **Ken Hill** was born in Rochdale in 1925 and on leaving school at fourteen went into engineering. An airframe mechanic with the RAF and Fleet Air Arm during the war, he is now a storeman at Rochdale Skillcentre. He began writing dialect verse nine years ago, after joining the Edwin Waugh Society, and was much encouraged in his efforts by the Society's president, 'the maestro of Lancashire dialect', Harvey Kershaw, MBE. (Page 31).

Born in 1919, the younger son of a Bolton steeplejack, **N. Hindley** is an office manager with a local firm of contractors. Although he has written verse for as long as he can remember, he did not attempt dialect poetry until 1973. (Page 11).

A local government officer, **P. A. Hooson** was born at Coppull in 1945, moved to Leyland nine years ago, is a member of Leyland Writers and the Lancashire Authors' Association and began writing dialect verse in 1973. (Page 55).

Born in Mawdesley in 1926, the daughter of a farmer and basket manufacturer, **Josephine Iddon** (née Cowley) has been writing poetry all her life. Married, with four children, she has given many poetry recitals and talks on dialect and – following ten years in Leyland – now lives in Longton. (Pages 14, 48).

Now retired, **Jimmy Jones** spent a lifetime in mining (apart from war service with the RAF), and had been writing dialect verse for forty years before a local printer persuaded him to publish some of his poetry – he has now issued two collections of his verse. He was born at Tyldesley in 1913. (Page 43).

Mary Marcroft is the pen-name of Mary Allen, who was born in 1924 in Heywood and now lives in Moston. As a child, after her family broke-up, she spent seven years in the Oldham area in an institution known as The Scattered Homes. Leaving school at fourteen, she was ordered into a mill to learn doffing in the ring-room. Subsequently she has been a clerk, cook-manageress, foster-mother and final passer in a clothing factory. In addition to poetry, she has also written novels including one autobiographical in nature, stemming from her traumatic childhood in which her family was scattered to such effect that it was not until recently that she discovered the fate of her baby brother: he died, aged seven months, in a workhouse nursery. (Page 68).

Apart from a time at art college in Exeter, **Alan Marsh** has never moved from his home district of Haydock, where he was born in 1950. He is currently working as a warehouseman, and traces his writing in dialect back to the time when he got into trouble at school for translating Shakespeare thus: "Romeo, oh Romeo, wheer's getten to, Romeo . . .?" (Pages 61, 66).

Mick o' Pleasington is the pen-name of a retired schoolmaster, Frederick Rose, who was born at Blackburn in 1914 and obtained his BA degree and Dip. Ed. at Manchester. Married, with six children, he began writing verse in 1960 and has published one collection of his work, for private circulation. (Pages 16, 18, 24, 26, 54).

Born into a coal-mining family in Little Westwood, Wigan, in 1931, **Stan Moseley** is an industrial chemist living at Euxton, and a member of Leyland Writers. He has been writing dialect poetry since 1970. (Page 32).

Eva Peters was born in Bolton in 1917, and the town is still her home. She began writing dialect verse after attending a verse-speaking festival, in which her two sons were entrants in one of the classes. She enjoyed the Lancashire dialect section so much that she entered the next festival herself – and came away with first prize. She also writes hymns (she was a finalist in a national "Carols for Children" competition), and has broadcast with Radio Manchester and Radio Blackburn – airings which have prompted her sons to urge her on with the encouragement: "Good old Mum, keep it up, you're not as simple as you look . . ." (Page 41).

Nellie Pickles was born in 1911 in Trawden, where she still lives. Her working life was spent in a cotton mill, from which she retired six years ago. A member of the Lancashire Authors' Association, which she joined in 1960, she has had her work broadcast by Radio Blackburn. (Page 51).

A "Darrener" by birth, now living in Great Harwood, **Joan Pomfret** (Mrs. D. C. Townsend) has edited three Lancashire anthologies of verse and prose, and a fourth straddling the Pennines. She has been writing dialect poems and stories since her school-days, and her work has been broadcast. Honorary Vice-president of the Lancashire Authors' Association, she is also president of Great Harwood Male Voice Choir. (Page 33).

Even before she left school, **Edith M. Ralphs** was working – at thirteen she was supplying the piano accompaniment for silent films at a cinema in her hometown, Oldham. At twenty-four she went to "stand" on Oldham's Tommyfield, and she's still there after forty-three years, selling Lancashire textiles – "British Goods only, mostly towels." Chairman of the Tommyfield Market Traders for many years, she has taken part in Lancashire Textile Action Group demonstrations in London, has organised her own ten-thousand signature petition against purchase tax on household textiles and thinks "I must have been born with a banner string in my hand". She has been a frequent contributor to the *Oldham Chronicle,* and her broadcasts have included one for the BBC's "Woman's Hour" and several Granada TV appearances. (Page 38).

Born in Leyland in 1941, **Peter Thornley** is an engineer in British Leyland's Prototype Department. Secretary of Leyland Writers, he began writing dialect verse in 1972 and has contributed both to local newspapers and Radio Blackburn. (Pages 29, 39, 47).

'Tom o' Dick's' cloaks the identity of a retired schoolmaster, living in Fallowfield, Manchester. (Page 60).

For fifty-eight of his sixty-eight years, **Bill Worthy** (William E. Worthington) has lived in Preston – although, Chorley-born, he now lives in Lytham. He has written dialect poetry for a number of years, primarily for his own entertainment. (Page 21).

This book is a sequel to

Just Sithabod

a collection of 55 dialect poems
from 'Lancashire Life'
95p

*Other Whitethorn Press publications
include:*

Steam-up in Lancashire
Railwayana from 'Lancashire Life'
£1.00

Flower Arrangement — Free Style
by
Edith Brack
£2.20

Queer Folk
A comicality of Yorkshire characters
by
Maurice Colbeck
£1.60